Rosana Pulga, fsp

NOVENA NATALINA

Textos bíblicos: *Bíblia Sagrada* – tradução da CNBB, 7ª ed., 2008.

Direção-geral: *Flávia Reginatto*
Editora responsável: *Luzia M. de Oliveira Sena*
Assistente de edição: *Andréia Schweitzer*
Copidesque: *Ruth Mitzuie Kluska*
Coordenação de revisão: *Marina Mendonça*
Revisão: *Mônica Elaine G. S. da Costa e*
Leonilda Menossi
Direção de arte: *Irma Cipriani*
Gerente de produção: *Felício Calegaro Neto*
Editoração eletrônica: *Manuel Rebelato Miramontes*

2ª edição – 2010
6ª reimpressão – 2023

Paulinas
Rua Dona Inácia Uchoa, 62
04110-020 – São Paulo – SP (Brasil)
Tel.: (11) 2125-3500
http://www.paulinas.com.br – editora@paulinas.com.br
Telemarketing e SAC: 0800-7010081
© Pia Sociedade Filhas de São Paulo – São Paulo, 2009

Onde houver compaixão, haverá paz,
onde houver amor, ali ele estará.
Um Natal iluminado
para você e para as pessoas que você ama.
Irmã Rosana Pulga, fsp

Introdução

Querido amigo, querida amiga!

Você quer vivenciar o Natal de Jesus, hoje, como uma experiência de sua fé cristã? Então, acompanhe atentamente esta novena.

O Natal é uma festa cristã mundialmente comemorada e de grande sensibilidade espiritual e humana. Ele desperta sentimentos nobres e regeneradores no coração das pessoas.

Muitas pessoas ficam tristes ou pesarosas porque, por conta da agitação da vida moderna, não conseguem preparar-se para celebrar o Natal como convém a cristãos. A correria diária do trabalho e das lutas da vida não permite a muitas pessoas que elas se encontrem com suas famílias, comunidades ou grupos de amigos para um momento de oração, meditação ou mesmo de diálogo, a fim de prepararem juntas esta data tão bela e tão significativa.

Que fazer, então? Deixar passar tudo em branco?

Não desanime! Caso você não consiga tempo para estar com seus amigos, sua família ou comunidade, esta novena pode ajudá-lo(a), ainda que seja de maneira individual, a meditar sobre o significado desta celebração e sentir-se espiritualmente unido(a) a outras pessoas.

O importante é:

- alimentar a fé;
- crescer espiritualmente;
- ajudar alguém;
- tornar-se melhor.

Carregue esta novena com você, aproveitando um momento oportuno – enquanto aguarda um compromisso, em viagem ou numa folguinha qualquer – para ler, rezar, meditar e contemplar o amor de Deus.

Seja perseverante: a alegria está chegando para morar entre nós!

1º dia

O Anjo do Senhor leva a mensagem de Deus a Maria

Leitura bíblica

Quando Isabel estava no sexto mês de gravidez, Deus enviou o anjo Gabriel a uma cidade da Galileia chamada Nazaré. O anjo levava uma mensagem a uma virgem chamada Maria, prometida em casamento a um homem chamado José, descendente do rei Davi (cf. Lc 1,26-27).

Oração

Ó Maria, mãe de Jesus e minha mãe também, acolha-me entre aqueles que Jesus ama e deseja que sejam bons, humildes e solidários como você o foi.

Meditação

O anjo chamado Gabriel – que na língua hebraica significa "mensageiro de Deus", "comunicação de

Deus" – traz de fato uma mensagem grandiosa. Anjo, na Bíblia, significa o próprio rosto de Deus, ou seja, o amor de Deus voltado sobre a pessoa humana. Deus cobre a jovem Maria com seu imenso amor, e o anúncio que lhe faz não é só para ela, mas também para toda a humanidade. Mensagem de seu imenso amor!

"Maria", continua o anjo, "você é cheia de graça". É como dizer: "Estou apaixonado por você, Maria de Nazaré. Você é toda bela! Você é encantadora! Encontrei em você as condições para lhe entregar todo o amor de meu coração".

Contemplação

Fecho os olhos de minha mente. Faço silêncio dentro de mim. Alegro-me. Rejubilo porque a terra possuiu tal mulher! Porque Deus se apaixonou também por mim.

Deixo minha mente imaginar os magníficos resultados dessa "paixão" mútua.

Oração pessoal

Faço uma prece silenciosa em favor de todas as mulheres: jovens que se conservam puras e elegantes por dentro e por fora; meninas, jovens, mulheres violentadas pela maldade humana; mulheres que abortam livremente e/ou obrigadas. Oro por mim, por minha família. Oro também pela comunidade religiosa e por meus colegas de trabalho. Agradeço pelas incontáveis graças que eu e tantas outras pessoas recebemos de Deus-Amor.

Compromisso

Tomo a decisão de ser alguém que luta em favor da vida, em favor das mulheres, para que a humanidade seja melhor.

Repito muitas vezes durante o dia: "O anjo do Senhor anunciou o nascimento do Filho de Deus a Maria. Entregou-lhe a mensagem do supremo amor".

2º dia

Ela concebeu do Espírito Santo

Leitura bíblica

Diante daquela saudação, Maria ficou sem saber o que pensar. Então o anjo continuou: "Não tenha medo, Maria! Deus está com você. O Espírito Santo a cobrirá com sua sombra e você ficará grávida, dará à luz um filho e porá nele o nome de Jesus. Ele será um grande homem e será chamado de Filho do Deus Altíssimo. Deus vai fazê-lo rei, como foi o antepassado dele, o rei Davi. O Reino dele nunca acabará" (cf. Lc 1,29-33).

Oração

Maria, mãe de Jesus e minha mãe também, obtenha-me a força e a luz do Espírito Santo, a fim de que eu possa testemunhar, com minha vida, o amor de Deus e seu Reino de justiça e de paz.

Meditação

"Não tenha medo, Maria! Deus está com você." Esta expressão de segurança é repetida muitas vezes em toda a Bíblia Sagrada. Sempre que Deus dá uma missão exigente a alguém, ele acompanha o chamado com a promessa: "Não tenha medo, eu estou com você". Realmente é muito encorajador saber que Deus não pede nada além de nossas forças e sempre está conosco para nos ajudar a cumprir a missão solicitada. Ele infunde em nós a força e a luz do seu Espírito que nos cobre, nos defende e nos supera. Só com ele somos capazes de realizar sua santa vontade.

Contemplação

Fecho os olhos de minha mente. Faço silêncio dentro de mim. Contemplo o mistério de um Deus que se faz humano no útero de uma mulher. Deus se faz humano para que eu me torne divino(a).

Mentalizo a primeira parte da Ave-Maria de forma lenta e pausada.

Oração pessoal

Faço uma prece silenciosa de ação de graças. Quantas oportunidades Deus me oferece para ser "gerador(a) de vida". Quantas vezes Deus se encarna em mim, em você, para que sejamos melhores. É ele quem nos ajuda a termos gestos de bondade, de misericórdia, de perdão, de justiça e de paz. Peço ao Espírito Santo que me ajude a cumprir com êxito a minha missão sobre a terra. Oro também por todas as mães com problemas em sua gravidez.

Compromisso

Proponho-me a deixar que o Espírito Santo conduza minha vida segundo a vontade de Deus.

Repito muitas vezes ao longo do dia: "Não tenho medo! Deus está comigo. Isso me basta".

3º dia

Eis aqui a serva do Senhor

Leitura bíblica

Então Maria respondeu ao anjo. "Eis aqui a serva do Senhor".

Alguns dias depois, Maria se aprontou e foi depressa para a cidade que ficava na região montanhosa da Judeia. Entrou na casa de Zacarias e saudou Isabel. Quando Isabel ouviu a saudação de Maria, a criança se mexeu em seu ventre (cf. Lc 1,38-41).

Oração

Maria, mãe de Jesus e minha mãe também, obtenha-me a graça de poder dizer sempre "sim" a tudo o que Deus, no seu infinito amor, me pede. Alcance-me a graça de ser fiel, forte e perseverante no bem.

Meditação

Maria compreendeu o que significava responder "sim" a Deus. Por isso, disse com firmeza: "Eis aqui a serva do Senhor". Em seguida, partiu apressadamente para a casa de Isabel, que estava já no sexto mês de sua gravidez – uma gravidez julgada impossível aos olhos humanos. Porém, aos olhos de Deus tudo é possível. Tornando-se "serva de Deus", Maria se reporta ao profeta Isaías, quando fala sobre o povo de Israel, que foi escolhido para ser "servo do Senhor": "Aqui está meu servo a quem eu fortaleço. Meu escolhido, que dá muita alegria ao meu coração. Pus nele o meu Espírito e ele me anunciará a todos os povos" (cf. Is 42,1).

Contemplação

Fecho os olhos de minha mente. Faço silêncio dentro de mim. Contemplo essa atitude de Maria em dizer seu "sim" a Deus, em partir apressadamente, atravessando montanhas, para ajudar Isabel. Contemplo também a alegria que sua solidariedade desperta na mãe e na criança que esta traz ainda em seu útero. Que saudação abençoada! Assim também eu, nós, toda vez que prestamos alguma ajuda, de forma respeitosa e alegre, fazemos as pessoas mais felizes e nos sentimos muito gratificados.

Mentalizo lentamente a segunda parte da Ave-Maria.

Oração pessoal

Santa Maria, mãe de Deus, rogue por mim, pela minha família e por... (*nomear as pessoas*) neste momento tão importante de nossa vida. Rogue por nós, neste momento em que nos preparamos para celebrar com alegria cristã o Natal de seu e nosso Menino Jesus.

Compromisso

Assumo o propósito de ajudar alguém muito necessitado neste Natal. Alguém que necessita não só de comida ou de roupas.

Descubro o que é que poderia fazer alguém exultar de alegria.

Repito hoje muitas vezes: "Eis aqui a(o) serva(o) do Senhor!".

Vou encontrar um tempo para ler, por inteiro, os capítulos 42 a 63 do livro do profeta Isaías.

4º dia

Faça-se em mim segundo a sua Palavra

Leitura bíblica

Maria completou: "Faça-se em mim segundo a sua Palavra". Então o anjo retirou-se de junto dela.

E Isabel exclamou: "Bendita é você entre todas as mulheres e bendito é o fruto de suas entranhas. Quem sou eu para que a mãe do meu Senhor venha me visitar? Quando a sua palavra chegou aos meus ouvidos, o meu menino pulou de alegria no meu ventre. Feliz é você, Maria, pois acredita que vai acontecer o que o Senhor lhe disse" (cf. Lc 1,38.42-45).

Oração

Maria, mãe de Jesus e minha mãe, obtenha-me a graça de ouvir a Palavra de Deus, que está na Bíblia e nos fatos da vida. Alcance-me também a força para praticá-la. Assim eu serei capaz de reconhecer nos acontecimentos da vida a *visita de Deus*, que faz acontecer o inesperado para me tornar uma pessoa feliz.

Meditação

Na sua humilde obediência, Maria aceita a Palavra de Deus. Ela é a mais perfeita discípula do Senhor, porque ouviu a Palavra, acolheu-a sem colocar nenhum obstáculo e a pôs em prática. É feliz! É bendita! Torna-se modelo de fé e mãe do "meu Senhor", como testemunha Isabel, ao reconhecer o menino como o Messias prometido. Deus faz acontecer o inesperado. Isabel assombra-se diante de tamanha visita e proclama Maria como primeira missionária. Essa atitude de Maria em ouvir, acolher e praticar a Palavra de Deus trouxe paz, alegria e certeza de que Deus visita o seu povo nos acontecimentos da vida e cumpre o que prometeu.

Contemplação

Fecho os olhos de minha mente. Faço silêncio dentro de mim. Contemplo a felicidade de Maria ao ouvir a palavra do anjo. Contemplo a felicidade de Isabel ao ouvir a palavra de Maria. Observo como a Palavra de Deus que está na Bíblia esteve em Maria. Ela está também em mim. Como é consolador descobrir que "A Palavra de Deus está perto de ti, em tua boca, em teu coração, para que a pratiques" (cf. Dt 30,14; Rm 10,8).

Oração pessoal

Ave-Maria, cheia de graça, você que ouviu, acolheu e praticou a Palavra do Senhor, ajude-me a descobrir como esta mesma Palavra está bem perto de mim, para que eu a pratique, para que em mim ela se torne ação. Ajude-me a reconhecer nos acontecimentos da vida a *visita de Deus*. Amém.

Compromisso

Quero estar atento(a) ao que Deus vai falar. Ele fala na consciência e toca o coração: "Faça-se em mim segundo a sua Palavra".

Posso visitar alguém, antes ou depois do Natal. Vou levar alguma coisa de bom para que essa pessoa acredite que *Deus visita* o seu povo.

Repito muitas vezes hoje: "Deus visita o seu povo. Deus cumpre sua Palavra".

5º dia

O Verbo Divino se fez carne e habitou entre nós

Leitura bíblica

O Senhor Deus diz: "Moradores de Jerusalém, cantem de alegria, pois eu virei morar com vocês!". Naquele dia muitos povos se juntarão a Deus, o Senhor, e serão o seu povo, e ele morará com eles. Aí o povo saberá que o Senhor Todo-Poderoso me enviou para falar com eles. Que todos se calem na presença do Senhor Deus, pois ele vem do seu lugar santo para morar com seu povo (cf. Zc 2,14-17).

Oração

Maria, mãe de Jesus e minha mãe também, obtenha-me a graça de experimentar neste Natal essa alegria de crer, ver e sentir a presença viva de Deus, o Senhor, dentro do meu coração e do coração de cada pessoa. Que o seu nascimento se repita em nós. Amém.

Meditação

Todos os habitantes de Jerusalém são convidados a cantar, a expressar sua enorme alegria, pois o Senhor Deus veio habitar no meio de seu povo. Ele armou sua tenda entre nós! Não só Jerusalém, mas todos os povos, também aqueles que nunca ouviram falar dele antes, agora virão juntar-se ao povo de Israel, para juntos formarem um só povo, o povo de Deus. Que todos se calem e que haja reverência por este gesto extremamente divino: Deus, o Senhor, se faz humano e vem morar conosco. Não só entre nós, mas dentro de nós.

Contemplação

Fecho os olhos de minha mente. Faço silêncio dentro de mim. Eu também me coloco reverente na presença do Senhor. Contemplo seu interesse afetuoso por mim e por todo o seu povo. Sobretudo, eu o contemplo no rosto das criancinhas, dos adolescentes, dos jovens e, acima de tudo, no rosto dos pobres, dos esquecidos e maltratados pela sociedade consumista.

Percebo os sentimentos que isso desperta em mim e acolho o seu novo nascimento. "Todo joelho se dobre, e toda língua proclame: 'Jesus é o Senhor!'" (Fl 2,10-11).

Oração pessoal

Ó Maria, você que fez silêncio reverente quando a Palavra se encarnou no seu útero e quando recebeu o Menino Deus em seus braços, interceda por mim, para que eu também experimente essa alegria de sentir Jesus morando no meu coração. Abra meu ser, abra o coração da humanidade toda, para que ele more no meio de nós. Amém.

Compromisso

Vou permitir a Jesus fazer morada no meu coração todos os dias de minha vida.

Hoje quero comentar com alguma pessoa essa extraordinária alegria, de um Deus que veio morar entre nós.

Repito muitas vezes: "O Senhor Deus se fez pessoa e veio morar entre nós".

6º dia

Nós vimos a sua glória, a glória do Filho de Deus

Leitura bíblica

A Palavra se fez carne e habitou entre nós. Nós vimos a sua glória, glória como Filho único do Pai, cheio de lealdade e de fidelidade (cf. Jo 1,14).

O que vimos com nossos olhos, o que contemplamos e o que nossas mãos tocaram a respeito da Palavra da Vida é o que escrevemos a vocês. Isso mesmo! Quando essa Palavra apareceu, nós a vimos. É por isso que agora nós falamos dela e anunciamos a vocês a vida eterna que estava com o Pai e com Jesus Cristo, seu Filho, e que nos foi revelado (cf. 1Jo 1,1-3).

Oração

Maria, mãe de Jesus e minha mãe também, obtenha-me a graça de ouvir com meus próprios ouvidos, de contemplar com minha mente e de tocar com minhas próprias mãos a força, a ternura da Palavra da Vida, que é o próprio Jesus Cristo ressuscitado. Que a glória de Jesus resplandeça no meu coração e no rosto das pessoas, a fim de que a vida humana seja glorificada em Jesus ressuscitado. Amém.

Meditação

Palavra da Vida é o novo nome atribuído a Jesus pela comunidade joanina. Deus é a fonte da vida, é a vida que gera vida. A comunidade de João escreve, fala sobre o que ouviu, viu, contemplou e tocou, tornando-se testemunha vibrante da vida de Jesus. Ela viu a "glória de Jesus", é alguém que viu e contemplou o ressuscitado, glorioso. O Pai entregou à humanidade a *fonte da vida*. "O Pai amou tanto o mundo que lhe entregou seu Filho muito amado." Esta é a glória do Filho único de Deus. A revelação, manifestação da glória do Pai, foi visível, audível e palpável na pessoa de Jesus de Nazaré. Os apóstolos, os discípulos e discípulas dão testemunho disso.

Contemplação

Fecho os olhos da mente. Faço silêncio dentro de mim. Contemplo com minha mente Jesus, Filho de

Deus, nos braços de Maria de Nazaré. Ele, o Filho único e glorioso de Deus feito pequenino, menino. Que mistério tão grande, um Deus-criança, frágil como todas as crianças que vêm a este mundo. Eu também posso ouvir o seu choro, posso tocar o seu pequenino corpo, posso contemplar seu imenso amor e ver sua glória no sorriso da criancinha confiante e tranquila nos braços da mãe. Posso tocá-lo, senti-lo e comungá-lo na Eucaristia. Todos nós podemos dizer: "Filho de Deus, meu menino! Ó mistério! Ó ternura divina!".

Rezo mentalmente o Pai-Nosso.

Oração pessoal

Maria, mãe de Jesus, você ouviu, viu, tocou e contemplou a Palavra da Vida, a *fonte da vida*. Interceda por mim, por nós, Mãe de Deus. Rogue por todos nós, para que a nossa vida seja um hino de glória ao Pai que nos ama, ao Filho que nos salva, ao Espírito Santo que nos plenifica de vida. Que possamos estar sempre em comunhão com a glória de Deus. Amém.

Compromisso

Quero contemplar os acontecimentos da vida com o olhar de Deus.

Vou glorificar a Deus defendendo a vida das crianças. Por isso, vou fazer algum gesto de amor para uma criança "de rua".

Quando eu comungar, terei maior consciência desta minha atitude.

Repito muitas vezes hoje: "Vejo a glória de Deus brilhando no rosto das pessoas".

7º dia

Todos recebemos de sua plenitude bênçãos e mais bênçãos

Leitura bíblica

Este é aquele de quem eu disse: "Ele vem depois de mim, mas é mais importante do que eu, pois antes de eu nascer ele já existia". Porque todos nós recebemos de sua plenitude, das riquezas do seu amor, com bênçãos e mais bênçãos. Ninguém nunca viu Deus. Somente o Filho único, que é Deus e está ao lado do Pai, nos mostrou quem é Deus (cf. Jo 1,15-18).

Oração

Maria, mãe de Jesus e minha mãe também, interceda por mim, que desejo ardentemente conhecer melhor quem é Jesus para mim e para a humanidade. Rogue por todos nós, seus filhos, para que sejamos dignos das bênçãos que Jesus nos quer conceder. Amém.

Meditação

"Antes de eu nascer ele já existia." Estas palavras confortam minha vida, pois significa que Deus, na pessoa de Jesus – Palavra de Deus –, já existia antes de o ser humano vir ao mundo. Portanto, ele me conhece e me faz participante de sua plenitude divina. Ele me faz participante de seu amor, de sua graça, de sua bênção, de sua fidelidade. Esta palavra tão importante – fidelidade (*hesed*, em hebraico) – tem muitos significados, tais como: fidelidade à palavra dada, ser fiel à pessoa, amor fiel, bondade constante, misericórdia extrema, solidariedade fiel e gratuita, entre outros. Basta estes para eu alimentar minha fé no amor fiel de Deus. Estou convencido(a) de que bênçãos e mais bênçãos recaem sobre mim e sobre toda a humanidade.

Contemplação

Fecho os olhos de minha mente. Faço silêncio dentro de mim. Contemplo com minha imaginação todas as manifestações do amor de Deus para comigo e para com toda a humanidade. Quem sabe eu possa até contemplar a grande, a apaixonante misericórdia de Deus para com... (*nomear as pessoas*).

Oração pessoal

Maria, mãe de Jesus e minha mãe também, me ajude a agradecer a Jesus, seu menino lindo, seu Filho de Deus, pelas bênçãos incontáveis que eu já recebi. Bênçãos pelas quais talvez eu muito pouco agradeci. (*Mentalmente vou enumerando as bênçãos, as graças que desejo agradecer.*)

Compromisso

Desejo, de hoje em diante, ser uma pessoa muito agradecida. Não só agradecer a Deus, mas também às pessoas que manifestam seu amor, sua solidariedade, sua bondade ou seu perdão para comigo.

Por meio da minha Igreja (comunidade), Jesus me cumula de bênçãos. Em sinal de gratidão, levarei minha oferta (por mais modesta que seja) à celebração do Natal.

Repito muitas vezes: "Obrigado, Jesus!".

8º dia

Noite feliz!
Dá-nos a paz, ó Jesus, dá-nos a paz, ó Jesus

Leitura bíblica

Assim diz o Senhor:
em tempo de graça eu te respondi,
em dia propício te auxiliei;
eu te defendi e te constituí aliança do povo;
para restaurar o país,
para dizer aos cativos: "Saí".
Aos que estão nas trevas: "Vinde à luz".
Ainda pelos caminhos pastarão,
terão pradarias em todas as dunas;
não passarão fome, nem sede,
não os molestará o mormaço nem o sol;
porque aquele que se compadeceu deles os conduz
e os guia a mananciais de água pura.
Converterei meus montes em caminhos,

e minhas estradas se nivelarão.
Olhai, alguns vêm de um país remoto;
olhai, outros do Norte e do Poente,
e aqueles do país de Siena.
Exulta, céu; alegra-te, terra;
porque o Senhor consola o seu povo
e se compadece dos desamparados (Is 49,8-13).

Meditação e contemplação

Hoje, véspera de Natal, medito e contemplo este cântico de Isaías e imploro a paz sobre minha família e sobre a humanidade.

Compromisso

Proponho-me a ser uma pessoa de paz.
Repito muitas vezes hoje: "Senhor Jesus, dá-nos a paz, a tua paz".

9º dia

Natal de Jesus

Leitura bíblica

*O SENHOR é o meu pastor:
Ele me faz descansar em pastos verdes
e me leva a águas tranquilas.
O SENHOR renova minhas forças
e me guia por caminhos certos
como ele mesmo prometeu.
Ainda que eu ande
por um vale escuro como a morte,
não terei medo de nada.
Pois tu, ó SENHOR DEUS, estás comigo.
Tu me proteges e me diriges.
Preparas um banquete para mim,
onde meus inimigos me podem ver.
Tu me recebes como convidado de honra*

e enches o meu copo até derramar.
Certamente a tua bondade e o teu amor
ficarão comigo enquanto eu viver.
E na tua casa, ó SENHOR,
morarei todos os dias da minha vida (Sl 23[22]).

Meditação e contemplação

Neste dia eu me recolho dentro de mim mesmo(a) e contemplo a Deus como meu Senhor, meu Pastor. Medito as palavras de Isaías, que diz: "Um menino os conduzirá e seu nome é Emanuel, isto é, Deus conosco. Príncipe da Paz".

Compromisso

Repito muitas vezes: "O Senhor é meu pastor, meu guia, meu tudo".

Desejo a todos um Feliz Natal!